Zineb Benahmed

Mise en place d'un E-PRESS à l'aide d'un CMS

Zineb Benahmed

Mise en place d'un E-PRESS à l'aide d'un CMS

Éditions universitaires européennes

Impressum / Mentions légales

Bibliografische Information der Deutschen Nationalbibliothek: Die Deutsche Nationalbibliothek verzeichnet diese Publikation in der Deutschen Nationalbibliografie; detaillierte bibliografische Daten sind im Internet über http://dnb.d-nb.de abrufbar.
Alle in diesem Buch genannten Marken und Produktnamen unterliegen warenzeichen-, marken- oder patentrechtlichem Schutz bzw. sind Warenzeichen oder eingetragene Warenzeichen der jeweiligen Inhaber. Die Wiedergabe von Marken, Produktnamen, Gebrauchsnamen, Handelsnamen, Warenbezeichnungen u.s.w. in diesem Werk berechtigt auch ohne besondere Kennzeichnung nicht zu der Annahme, dass solche Namen im Sinne der Warenzeichen- und Markenschutzgesetzgebung als frei zu betrachten wären und daher von jedermann benutzt werden dürften.

Information bibliographique publiée par la Deutsche Nationalbibliothek: La Deutsche Nationalbibliothek inscrit cette publication à la Deutsche Nationalbibliografie; des données bibliographiques détaillées sont disponibles sur internet à l'adresse http://dnb.d-nb.de.
Toutes marques et noms de produits mentionnés dans ce livre demeurent sous la protection des marques, des marques déposées et des brevets, et sont des marques ou des marques déposées de leurs détenteurs respectifs. L'utilisation des marques, noms de produits, noms communs, noms commerciaux, descriptions de produits, etc, même sans qu'ils soient mentionnés de façon particulière dans ce livre ne signifie en aucune façon que ces noms peuvent être utilisés sans restriction à l'égard de la législation pour la protection des marques et des marques déposées et pourraient donc être utilisés par quiconque.

Coverbild / Photo de couverture: www.ingimage.com

Verlag / Editeur:
Éditions universitaires européennes
ist ein Imprint der / est une marque déposée de
OmniScriptum GmbH & Co. KG
Bahnhofstraße 28, 66111 Saarbrücken, Deutschland / Allemagne
Email: info@omniscriptum.com

Herstellung: siehe letzte Seite /
Impression: voir la dernière page
ISBN: 978-3-8417-9340-9

Remerciements

Au terme de ce travail, je tiens à exprimer mes profonds remerciements à :

Mr. **N. TOUNSI**, professeur à l'EMI, qui m'a encadré tout au long de ce travail. Je suis très reconnaissante pour vos précieux conseils, et pour le grand intérêt que vous avez porté à l'égard de mon sujet, afin qu'il soit réalisé dans les meilleures conditions.

Mr. **A. REZZOUK**, mon maître de stage à Bank Al-Maghrib, pour m'avoir donné l'opportunité de travailler sur un projet aussi intéressant et qui s'est toujours montré coopératif et d'un appui considérable.

L'ensemble des collaborateurs à Bank Al-Maghrib pour leur accueil chaleureux.

Mesdames **D. CHIADMI et L. BENHLIMA** qui m'ont fait l'honneur d'accepter de juger et d'évaluer mon travail.

Mes remerciements s'adressent également à tout le corps professoral de l'Ecole Mohammadia d'Ingénieurs, pour la qualité de son enseignement ainsi que sa disponibilité tout au long de ces trois années de formation.

Enfin, que tous ceux qui ont contribué, de près ou de loin, à l'aboutissement de ce travail trouvent ici l'expression de ma reconnaissance et de mes remerciements.

Résumé

L'usage des Technologies de l'Information est un facteur essentiel pour l'émergence de la société du savoir et peut activement contribuer au développement humain, à l'amélioration de la cohésion sociale et à la croissance de l'économie nationale. En effet, partout à travers le monde, l'accès à l'information et son usage réel et approprié conditionnent le progrès et le développement.

Ce projet de fin d'études, réalisé au sein de l'organisme Bank Al-Maghrib, s'inscrit dans ce cadre et a pour objectif d'adopter l'approche de dématérialisation au service de communication et ainsi de mettre en œuvre une application web adaptée, permettant la valorisation de l'information et son traitement.

Une étape préliminaire a permis d'analyser et critiquer l'existant et a débouché à la formulation et spécification des besoins, validées ensuite par le service de communication, le maître d'ouvrage de ce projet. Un benchmark des CMS open source a permis de définir la solution qui semble être la plus adéquate. Quant à la réalisation, elle consiste à adapter cette solution aux exigences définies en amont.

Ce rapport va donc retracer et détailler toutes les étapes du cycle de développement de ce projet en terminant par mettre en évidence les différentes possibilités d'évolution.

Abstract

The use of Technologies of Information is an essential factor for the emergence of the knowledge society and can actively contribute to human development, improving social cohesion and growth of the national economy. Indeed, everywhere across the world, the access to information and its real and appropriate purpose, determine the progress and the development.

This project graduation, accomplished within the organization Bank Al-Maghrib, registers in this frame and aims to adopt the approach of dematerialization in the service of communication and so to implement an application web adapted, allowing the enhancement of information and its treatment.

A preliminary step allowed to analyze and to criticize the existent and led to the formulation and specification of requirements, validated then by the service of communication, the master of work of this project. A benchmark of CMS open source allowed defining the solution which seems to be the most appropriate. As for realization, it consists in adapting this resolution to the requirements defined in advance.

This report is therefore going to redraw and itemize all stages of the development cycle of this project ended by highlighting the different possibilities of evolution.

ملخص

إن استخدام تكنولوجيا المعلومات عامل أساسي لبروز مجتمع المعرفة ويمكن أن يسهم مساهمة فعالة في التنمية البشرية وتحسين التماسك الاجتماعي وكذا نمو الاقتصاد الوطني. في جميع أنحاء العالم، يعد في الواقع الحصول على المعلومات واستخدامها استخداما حقيقيا ومناسبا شرطا للتقدم والتنمية.

ويندرج في هذا الإطار مشروع التخرج هذا، الذي أنجز ببنك المغرب و الذي يهدف إلى اعتماد نهج الحد من استعمال المواد في خدمة الاتصالات و ذلك من خلال تنفيذ تطبيق ويب متأقلم يتيح تعزيز المعلومات ومعالجتها.

لقد مكنت خطوة تمهيدية من تحليل ونقد الموجود و من ثم أدت إلى صياغة وتحديد الاحتياجات ، الشيء الذي تم التحقق من صحته من طرف خدمة الاتصالات التي تعتبر المطور لهذا المشروع. كما ساعد مؤشر أنظمة إدارة المحتوى المفتوحة المصدر على تحديد الحل الأنسب. أما بالنسبة لتحقيق ذلك فتم تكييف هذا الحل للمتطلبات المحددة سلفا.

يتتبع إذن هذا التقرير وبالتفصيل جميع مراحل دورة تطوير هذا المشروع التي تنتهي بتسليط الضوء على مختلف إمكانيات التطوير.

SOMMAIRE

LISTE DES FIGURES

LISTE DES TABLEAUX

INTRODUCTION

« De par sa stabilité politique, sa détermination à promouvoir les nouvelles technologies de l'information et de la communication (NTIC) et l'accès facile à l'Internet, le Maroc constitue un important axe de développement de ce secteur à l'échelle régionale dans la mesure où les TIC figurent au cœur des priorités du gouvernement et jouissent d'un intérêt particulier de la part de l'ensemble des composantes de la société. » [LE ROUX, Y. vice-président de CISCO- Systems (France), 2010]

Les TIC dont l'importance se manifeste au niveau des flux d'information dans tous les domaines : économiques, transactionnels, éducatifs, etc., tendent à prendre une place croissante dans la vie humaine et le fonctionnement des sociétés. Ainsi, on remarque que l'impact du numérique concerne autant le contenu de la presse écrite que son usage par ses consommateurs. Grâce à la technologie numérique, on acquiert des informations à jour, complètes et accessibles à moindre coût.

Dès lors, le service de communication de Bank Al-Maghrib formule sa volonté de dématérialiser le processus d'édition de sa presse interne et d'automatiser les procédures qui lui sont liées. Le présent projet de fin d'études consiste en la « Mise en place d'une revue de presse électronique » à l'aide d'un outil de gestion de contenu. Cette revue de presse électronique sera accessible à partir du portail intranet de Bank Al-Maghrib et contiendra toutes les informations liées au domaine de la banque.

Le but à travers ce rapport est de montrer les différentes réalisations dans ce projet de fin d'études. Et afin de permettre une visibilité meilleure pendant la lecture de ce rapport, le premier chapitre fera l'objet d'une présentation du contexte de travail comprenant une vue sur l'organisme de Bank Al-Maghrib, les différents départements de la DOSI (Direction de l'Organisation et des Systèmes d'Information), et un aperçu sur les motivations et les objectifs du projet. Le deuxième chapitre concernera une analyse fonctionnelle du projet qui décrira les fonctionnalités principales du système et la démarche de travail adoptée. Dans un troisième chapitre, une étude conceptuelle s'avère très importante pour modéliser le projet. L'analyse conceptuelle débouche bien entendu sur l'étude technique qui fera l'objet du quatrième chapitre et qui consistera à établir une étude comparative des solutions open source et d'en dégager la solution adéquate à ce projet. Et c'est dans le dernier chapitre qu'on détaillera la réalisation et le déploiement de la solution promue. Et pour terminer, une conclusion mettra le point sur les différents apports du stage ainsi que les perspectives sur lesquelles il débouche.

CHAPITRE I : CONTEXTE GENERALE DU PROJET

1.1 Présentation de l'organisme d'accueil

1.1.1 Historique et missions de Bank Al-Maghrib

La banque centrale du Royaume du Maroc, dénommée « Bank Al-Maghrib», est un établissement public doté de la personnalité morale et de l'autonomie financière. Elle a été créée en 1959 en substitution à l'ancienne « Banque d'Etat du Maroc ».

Outre, le privilège de l'émission de la monnaie fiduciaire et la mission d'assurer la supervision du système bancaire, la banque a pour responsabilité de mener la politique monétaire avec pour objectif fondamental la stabilité des prix. Elle veille à la sécurité des systèmes de compensation et de règlement-livraison des instruments financiers et s'assure de la sécurité des moyens de paiement et de la pertinence des normes qui leur sont applicables.

Pour ce qui a trait à la politique de change, l'article 8 des statuts confie à Bank Al-Maghrib la détermination des rapports entre le dirham et les devises, dans le cadre du régime de change et de la parité du dirham, fixés par voie réglementaire, ainsi que la détention et la gestion des réserves de change. [Dahir n°1-05-38 du 23 novembre 2005, loi n° 76-03]

Parallèlement à ces missions fondamentales, Bank Al-Maghrib:

- est le conseiller financier du Gouvernement et l'agent du Trésor pour ses opérations bancaires au Maroc et à l'étranger ;
- représente le Gouvernement au sein des institutions financières et monétaires internationales ;
- participe aux négociations des accords financiers internationaux.

1.1.2 Organisation de Bank Al-Maghrib

Outre les organes de contrôle et d'administration présidés par le Gouverneur et dirigés par le Directeur Général, Bank Al-Maghrib se compose de plusieurs directions et départements à savoir :

- Direction des Opérations Monétaires et des Changes
- Direction des Etudes et des Relations Internationales
- Direction de la Supervision Bancaire

- Direction du Réseau et des Relations avec les Entreprises
- Direction des Ressources Humaines
- Direction de Dar As-Sikkah
- Direction de l'Audit et de la Prévention des Risques
- Direction Financière
- Direction de la Logistique
- Département de la Recherche
- Département des Affaires Juridiques
- Département du Musée de la Monnaie
- Département de la sécurité
- Département de la Communication où se trouve le service de presse qui est le bénéficiaire du projet
- Direction de l'Organisation et des Systèmes d'Information (DOSI)

Cette dernière a pour rôle principal la supervision bancaire et le contrôle interne. C'est au sein du Service des Domaines des Métiers Supports, l'un de ses services, que se situe ce projet de fin d'études.

L'organigramme suivant présente l'ensemble des départements se trouvant à la DOSI et plus précisément le service où se déroule le stage :

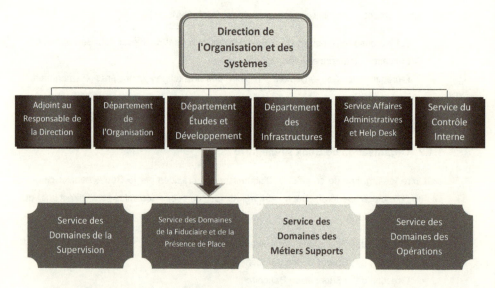

Figure 1.1 : Organigramme de la Direction de l'Organisation et des Systèmes d'Information

11

Nul ne peut ignorer le rôle important que joue la presse au sein de tout organisme d'autant plus à Bank Al-Maghrib. Le service de presse figure parmi les services du département de la communication dont la fonction principale est d'assurer la cohésion de tous les services de Bank Al-Maghrib et de les tenir au courant de toutes les informations à l'échelle nationale et internationale. Ce service est considéré le maître d'ouvrage de ce projet.

1.2 Problématique

Actuellement, le secteur des NTIC est en plein essor et contribue potentiellement au développement humain et économique du Maroc. Cependant, une partie des services de l'administration marocaine n'ont pas suivi le rythme de cette ouverture technologique.

Le service de communication de Bank Al-Maghrib, conscient de l'importance des TIC d'une part et contraint par différents problèmes qui touchent son processus métier actuel tels les pertes en termes de temps et de coûts, le manque de traçabilité vis-à-vis de son activité d'une autre part, a formulé sa volonté de dématérialiser le processus d'édition de sa presse interne.

- Pour quelle démarche de développement doit-on opter?
- Quelle solution est la plus adéquate?
- Et comment intégrer cette solution au portail intranet existant tout en gérant les droits d'accès?

1.3 Objectifs et description du projet

Le projet consiste à concevoir et réaliser une application WEB pour mettre en place une revue de presse électronique pour répondre au besoin d'optimisation du processus métier du service de presse.

Cette application WEB permettra au service de presse de:

- Historiser le traitement des articles et des décisions prises vis-à-vis de leur publication.
- Gérer les volumes importants de document papier (Archivage de la revue).
- Améliorer la fluidité de circulation de la revue de presse en ayant une accessibilité permanente.
- Suivre l'activité de presse en vue de *Reporting*.

Conclusion

A travers ce chapitre, l'organisme d'accueil qui est Bank Al-Maghrib a été présenté. Ensuite le contexte général dans lequel s'inscrit ce projet a été décrit.

Le chapitre qui suit, présentera les fonctionnalités principales du projet ainsi que son dossier de pilotage.

CHAPITRE II: ETUDE FONCTIONNELLE DU PROJET

2.1 Étude de l'existant

2.1.1 Description du processus métier

Le processus métier du service de presse consiste à ce que les rédacteurs en chef collectent différents articles - pertinents ou ayant rapport avec le métier de la banque - en langue arabe, française et anglaise à partir de multiples revues et journaux de presse, nationale et internationale. Ces articles sont ensuite triés selon des catégories définies par le service de presse et regroupés dans un fichier WORD formant ainsi une revue de presse. Cette revue est ensuite imprimée afin d'être validée par le chef du service et le responsable de validation. Ces derniers donnent leur approbation ou rejet de publication des articles figurant dans la revue de presse, et apportent leurs consignes de modification d'un article. Les rédacteurs en chef modifient les articles à modifier et les soumettent pour la validation. Une fois que la revue de presse est validée, elle est transmise au service de presse qui convertit le fichier WORD en format PDF et le publie dans l'intranet de Bank Al-Maghrib.

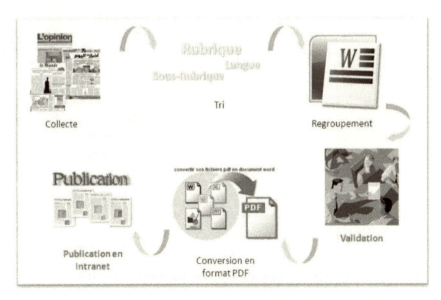

Figure 2.1: Description du processus métier

2.1.2 Critique de l'existant

A travers l'étude de l'existant, on a pu relever plusieurs inconvénients :

- Le processus métier est lent au niveau de l'étape de validation et celle de publication et cause une perte en termes de temps.
- Perte en termes de coût : papier, encre, imprimantes.
- La revue de presse actuelle manque d'ergonomie et d'esthétique.
- Absence d'archivage des revues de presse antérieures.
- Aucune possibilité d'effectuer une recherche d'un article spécifique ou revue à partir de son titre, sa date de publication, sa source ou de mots clés.
- Manque de traçabilité vis à vis des modifications apportées à la revue de presse.
- Aucune statistique sur l'activité du service.

Cette étude a permis aussi de définir les fonctionnalités principales de l'application qui seront présentées dans la section suivante

2.2 Description des fonctionnalités principales

A partir du cahier de charges du projet et plusieurs discussions avec le responsable du service de presse, nous avons établi une étude approfondie des besoins et des spécifications que doit remplir le système cible. A travers cette étude, les fonctionnalités principales qui doivent être mises en place ont été définies pour répondre aux objectifs cités dans la **partie 1.3** et s'articulent comme suit :

- **Création et mise à jour d'un article**

Chaque collaborateur du service de presse a le droit de rédiger ou récupérer un article à partir d'un journal de presse - qui doit être validé par le responsable de validation de la revue de presse - et le soumettre à la publication. La mise à jour d'un article de presse est effectuée après une demande de validation.

- **Recherche multicritères**

Le volet recherche permet de rechercher des articles ou des revues de presse spécifiques à partir de mots clés ou date de publication selon une vue donnée d'un profil utilisateur (voir Module Administration ci bas). Elle offre à tout un chacun la possibilité d'affiner sa recherche par l'utilisation de mots clés par exemple.

- **Processus de validation**

Chaque article rédigé passe par l'étape de validation et il est soit validé, soit validé après modification, soit rejeté. Le responsable de validation peut également préciser si l'article devra être publié de manière restreinte ou publique. La validation et la publication devront être gérées par un système de workflow.

- **Module Administration**

Il s'avère indispensable d'attribuer à chaque utilisateur de l'application un profil bien défini (rédacteur, validateur, publicateur, administrateur, utilisateur intranet, chef de service de presse). D'où l'importance de la gestion des utilisateurs selon leur profil.

- **Archivage**

Une revue de presse antérieure doit être archivée afin de permettre aux utilisateurs de l'application de rechercher les articles qui les intéressent ultérieurement à la date de sa publication. L'archivage concernera aussi les articles rejetés accompagnés du motif de leur rejet.

2.3 Dossier de pilotage

2.3.1 Démarche de travail

L'organisation du travail est la clé ultime pour la réussite d'un projet. Il est donc nécessaire de délimiter le périmètre du projet dans un premier temps, et de choisir une démarche adéquate pour le développement de l'application souhaitée dans un deuxième temps.

Le choix des méthodes de développement s'avère difficile vu le nombre de méthodes disponibles. Les questions suivantes ont permis d'orienter le choix de la méthode de développement adoptée:

- Combien de temps faudra-t-il pour livrer le produit?
- Comment faire participer l'utilisateur de l'application au développement afin de capter et de cerner ces besoins?
- Comment éviter les dérives et les mauvaises estimations du projet?
- Quelle procédure permettra une évolutivité du produit et sa maintenabilité?

2.3.2 Cycle de développement

Le cycle de développement adopté est le cycle de développement en Y ou 2TUP. Ce processus apporte une réponse aux contraintes de changement continuel imposées aux systèmes d'information de l'entreprise :

- Il est piloté par les risques. Les causes majeures d'échec d'un projet logiciel doivent être écartées en priorité.
- Il est construit autour de la création et de la maintenance d'un modèle, plutôt que de la production de montage de documents.

- Il est itératif. Chaque itération porte sur un niveau d'abstraction de plus en plus précis.
- Il est orienté composant.
- Il est orienté utilisateur.

Le cycle de développement en Y ou 2TUP est représenté par le schéma suivant :

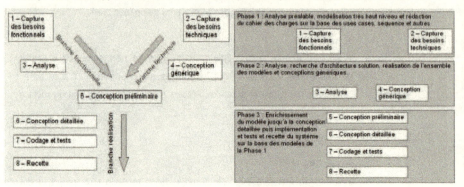

Figure 2.2: Processus de modélisation 2TUP

Pour l'étape de conception des interfaces de l'application, une démarche centrée utilisateur (LUCID) est la mieux appropriée. Elle consiste à faire des prototypes au fur et à mesure du besoin fonctionnel et opérationnel et vise à la fois une maintenance curative et évolutive.

2.3.3 Planning du projet

La planification du projet est une phase importante d'avant-projet. Elle consiste à prévoir le déroulement du projet tout au long des phases constituant le cycle de développement. Le diagramme de Gantt suivant présente le planning prévisionnel du projet:

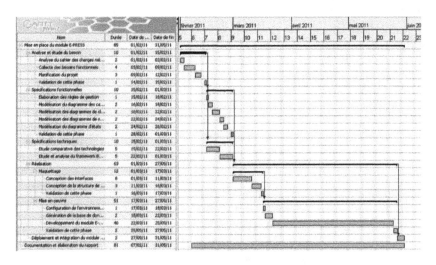

Figure 2.3 : Planning prévisionnel du projet

Conclusion

L'étude fonctionnelle a fait l'objet du deuxième chapitre de ce rapport à travers laquelle une critique de l'existant a été effectuée et les fonctionnalités principales que doit remplir le futur système ont été définies. Pour ce faire, une étude conceptuelle de ce projet fera l'objet du chapitre suivant.

CHAPITRE III : ETUDE CONCEPTUELLE DU PROJET

3.1 Choix du formalisme UML

Il nous paraît difficile d'envisager le processus 2TUP sans recourir à UML comme support.

UML se définit comme un langage de modélisation graphique et textuelle destiné à comprendre et décrire des besoins, spécifier et documenter des systèmes, esquisser des architectures logicielles, concevoir des solutions et communiquer des points de vue.

UML unifie à la fois les notations et les concepts orientés objet. Il ne s'agit pas d'une simple notation, mais les concepts transmis par un diagramme ont une sémantique précise et sont porteurs de sens au même titre que les mots d'un langage. Il a une dimension symbolique et ouvre une nouvelle voie d'échange de visions systémiques précises.

UML unifie également les notations nécessaires aux différentes activités d'un processus de développement et offre, par ce biais, le moyen d'établir le suivi des décisions prises, depuis la spécification jusqu'au codage. [ROQUES P. et VALLEE F., UML en action De l'analyse des besoins à la conception en java, deuxième édition 2003, EYROLLES]

3.2 Identification des profils utilisateurs

L'élaboration du diagramme de cas d'utilisation consiste à identifier les acteurs qui interagissent avec le système et décrire leurs cas d'utilisation comprenant différents scénarii. Le but de cette étape est de capturer les besoins des utilisateurs du nouveau système.

Après avoir défini les fonctionnalités principales que doit remplir la mise en place de la revue de presse électronique, on a pu identifier les différents acteurs qui vont interagir avec le système et ainsi définir six profils utilisateurs dont chacun a des droits d'accès qui lui sont conférés après s'être connecté et authentifié et qui sont illustrés dans la figure suivante:

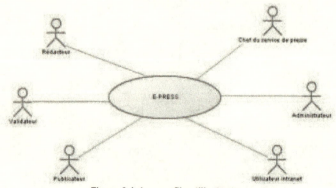

Figure 3.1: Les profils utilisateurs

19

L'**administrateur** permet aux utilisateurs de se servir du système en leur fournissant un compte pour accéder à l'Intranet et en leur attribuant les droits d'accès selon leur profil.

Le **rédacteur** collecte les articles qui l'intéressent depuis plusieurs journaux de presse à partir desquels il crée son article ou le rédige lui-même. Après la création de l'article, le rédacteur peut consulter un article et le modifier.

L'ensemble des articles rédigés sont validés par le **validateur** qui décide si oui ou non un article sera publié dans la revue de presse électronique mais aussi attribue-t-il la mention « restreint » afin de diffuser l'information à certains utilisateurs et non pas tous.

Après l'étape de validation vient celle de la publication, où le **publicateur** (éditeur) regroupe les articles valides et les publie dans la revue de presse électronique et archive les articles non valides qui ne seront pas publiés.

Chacun des membres de l'équipe du service de presse ainsi que **le chef du service** peut faire le suivi de son activité personnelle (nombre d'article inséré dans le système, leur date d'insertion, le nombre d'article publié/non publié) comme il peut faire le suivi de l'activité globale du service en utilisant la recherche multicritère dans les articles insérés dans le système.

Une fois publiée, la revue de presse est accessible par tous les **utilisateurs Intranet**. Chaque utilisateur peut ainsi consulter la revue de presse du jour comme il peut lancer une recherche multicritères pour consulter une ancienne revue de presse ou un article y figurant.

3.3 Modélisation

3.3.1 Diagramme de cas d'utilisation

La figure suivante représente les différents cas d'utilisation du système :

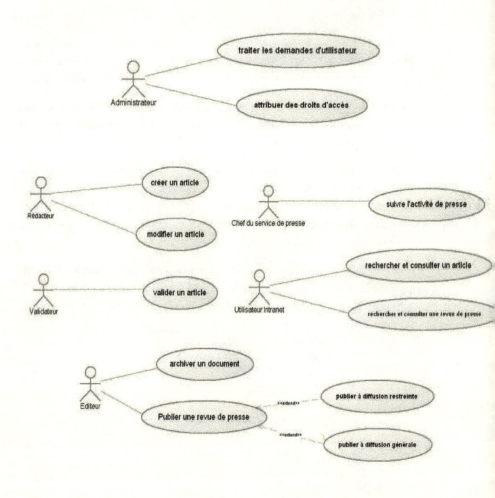

Figure 3.2: Diagramme de cas d'utilisation

3.3.2 Description détaillée des cas d'utilisation

La gestion des utilisateurs ainsi que le contrôle d'accès concerne plutôt le projet global d'Intranet de BANK AL-MAGHREB, mais cette fonctionnalité est citée pour assurer une cohérence des spécifications de la revue de presse électronique et une meilleure approche du besoin à implémenter.

Le diagramme suivant présente les états par lesquelles passe un article depuis sa création jusqu'à sa publication :

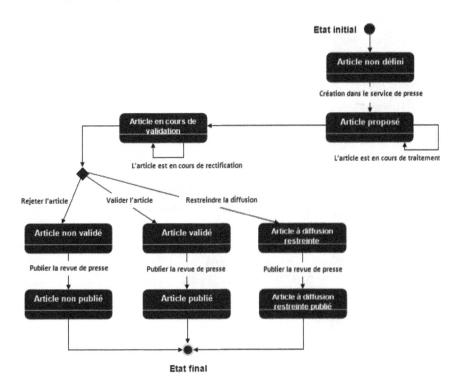

Figure 3.3: Diagramme d'états d'un article

Cas d'utilisation : Créer un Article

La création d'un article, faisant partie du contenu de la revue de presse du jour, se fait via un formulaire de création ou le rédacteur fournit au système toutes les informations nécessaires à l'insertion de cet article. Le scénario nominal de cette création est comme décrit ci-après. Il est à noter que la partie « Extensions » dans le tableau décrit le(s) scénario (ii) alternatif(s) possible(s).

22

Acteur principal	Rédacteur
Parties prenantes	N.A
objectifs	Une personne jouant le rôle de rédacteur au service de presse (rédacteur, chef de service) veut créer un article qui fera partie du contenu de la revue de presse du jour.
Portée	Revue de presse électronique
Pré conditions	• Le rédacteur est authentifié sur l'Intranet. • Pour les articles rédigés (non scannés) et afin d'assurer la qualité des rédactions réalisées, il est conseillé que le rédacteur écrive la synthèse accompagnant l'article dans un éditeur de texte disposant d'un correcteur d'orthographe approprié.
Post conditions	Un article est sauvegardé et fait partie du contenu de la revue de presse du jour.
Scénario Nominal	Une revue de presse est composée d'un ensemble d'article qu'un rédacteur au service de presse insère dans le système pour l'alimenter et ce, comme suit : 1. Le rédacteur parcourt les journaux au format papier ou électronique où il collecte les informations à proposer pour la publication dans la revue de presse du jour. 2. Il accède au formulaire d'insertion d'un article à la revue de presse électronique. 3. Il fournit au système les informations concernant un article à savoir : Titre de l'article, Sous titre, Rubrique/sous Rubrique, Journal, Page, Auteur (s), Langue, Date d'apparition, Mots clés, Synthèse. 4. Il demande d'enregistrer les informations saisies. 5. Le système stocke l'article en l'associant à la revue de presse du jour et à l'utilisateur qui l'a inséré. Le rédacteur répète les étapes de 1 à 5 jusqu'à alimenter la revue de presse du jour par tous les articles souhaités. Le rédacteur peut visualiser à n'importe quel moment le menu de la revue de presse qui affiche la liste des articles déjà ajoutés à la revue. (voir UC : consulter une revue de presse).

Extensions	1. Le rédacteur va rédiger un article propre à lui. Le scénario continue à l'étape 2 du scénario nominal. 4. l'article concerné va être diffusé parmi un nombre restreint de personnes. 4.1 Le publicateur informe le système qu'il s'agit d'un article à diffusion restreinte. 4.2 Il sélectionne parmi le personnel ceux auprès de qui l'article va être diffusé. 4.3 Il saisit éventuellement un commentaire pour cette diffusion restreinte.
Contraintes	si une revue de presse est validée alors tous ses articles proposés sont validés. Si une revue de presse est publiée alors tous ses articles validés sont publiés. Les articles non publiés passent à l'état non publié.

Cas d'utilisation : Modifier un article

La modification d'un article ne peut se faire qu'au sein du service de presse lors de l'alimentation de la revue de presse du jour est avant sa publication. Une fois un rédacteur crée un article, le système permet de le modifier que ce soit pour le traiter ou le rectifier suite à un retour depuis le validateur et tant que la revue n'a pas encore été publiée.

Pour modifier un article, le rédacteur accède à la revue de presse du jour. Il le sélectionne dans le menu des articles. Il apporte les modifications souhaitées et demande au système de sauvegarder.

Le système sauvegarde les modifications apportées et les informations concernant le rédacteur, ou membre du service de presse, qui a effectué la modification.

Cas d'utilisation : Valider un article

Une fois la revue de presse du jour réalisée, elle est présentée au validateur. À ce stade, des allers-retours peuvent avoir lieu entre le service de presse et le validateur pour apporter éventuellement des rectifications aux articles de la revue.

Avant de publier une revue de presse le publicateur parcourt tous les articles définis pour la revue. Il informe ainsi le système pour les articles « à diffusion restreinte », il déclare ceux « non validés » et valide ceux à publier.

Une fois une revue publiée, chaque article est disponible en consultation avec différentes informations selon le profil de l'utilisateur mais, les statuts des articles ne peuvent plus être modifiés.

Pour valider un article ou plutôt décider de son statut avant la publication de la revue de presse du jour, le validateur accède à un écran d'administration des articles où il peut accéder à tous les articles de la revue de presse du jour. Il peut afficher les détails de chaque article et décider de son statut.

Les articles « validés » sont publiés dans la revue de presse (voir UC : publier une revue de presse).

Les articles à diffusion restreinte sont publiés parmi les personnes concernées.

Les articles non validés sont stockés dans le système en tant qu'articles non publiés.

La figure qui suit présente le diagramme de séquence «valider un article» :

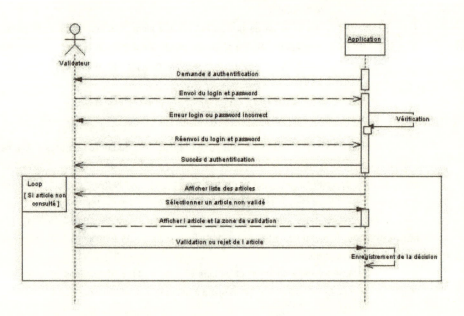

Figure 3.4: Diagramme de séquence « valider un article »

Cas d'utilisation : Publier une revue de presse

Acteur principal	Publicateur
Parties prenantes	N.A
objectifs	Le publicateur doit pouvoir publier la revue de presse du jour une fois finalisée.
Portée	Intranet
Pré conditions	Le publicateur est authentifié sur l'Intranet. Le publicateur est dans l'espace de publication de la revue de presse du jour.
Post conditions	La revue de presse du jour est publiée et accessible en consultation à tous les utilisateurs Intranet.
Scénario Nominal	Le publicateur est dans l'interface de publication de la revue de presse du jour 1. Le système présente un menu où sont affichés tous les articles validés. Les articles à diffusion restreinte et ceux non validés sont affichés en fin de menu à titre d'information. 2. Le publicateur définit l'ordre souhaité pour l'apparition des articles dans la revue de presse du jour. 3. Le système prend en considération l'ordre défini. 4. Le publicateur choisit de visualiser le contenu global de la revu en format PDF. 5. Le publicateur choisit de publier la revue. 6. Le système publie la revue de presse dans l'intranet.
Extensions	Le publicateur peut retirer, ajouter un article ou lui apporter des modifications tant que la revue n'est pas publiée.
Contraintes	

La figure qui suit présente le diagramme de séquence «publier une revue de presse» dans le cas d'articles validés :

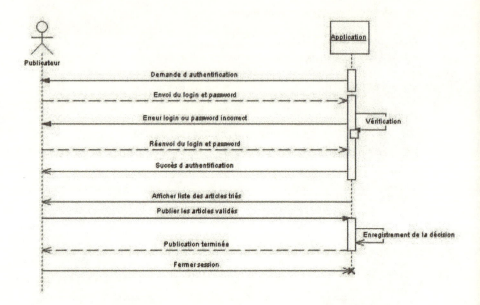

Figure 3.5: Diagramme de séquence « publier une revue de presse »

Cas d'utilisation : Archiver un document

Acteur principal	Publicateur
Parties prenantes	N.A
objectifs	Le publicateur doit pouvoir archiver les articles de presse non publiés ainsi que les revues de presse antérieures.
Portée	Intranet
Pré conditions	Le publicateur est authentifié sur l'Intranet. Le publicateur est dans l'espace d'archivage de la revue de presse électronique.
Post conditions	Les articles non publiés sont archivés et accessibles uniquement aux membres du service de presse. La revue de presse antérieure à un jour est archivée et accessible en consultation à tous les utilisateurs Intranet.
Scénario Nominal	Le publicateur est dans l'interface d'archivage de la revue de presse 1. Le système présente un menu où sont affichés tous les articles non valides. 2. Le publicateur décide de stocker ces articles et archiver la

27

	revue de presse antécédente.
	3. Le système archive les articles non valides ainsi que la revue de presse antécédente.
Extensions	
Contraintes	L'utilisateur peut rechercher et consulter les revues de presse archivées.

La figure qui suit présente le diagramme de séquence «archiver les articles rejetés» :

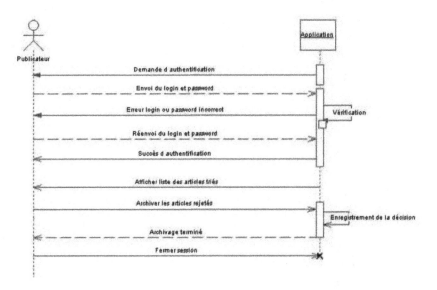

Figure 3.6: Diagramme de séquence « Archiver les articles rejetés »

Cas d'utilisation : Rechercher et consulter des articles

Acteur principal	Utilisateur Intranet Un membre du service de presse
Parties prenantes	N.A
objectifs	Un membre de l'équipe de service de presse veut pouvoir rechercher et consulter des articles sauvegardés. Un utilisateur Intranet veut rechercher un article publié en utilisant de multiples critères et ensuite le consulter
Portée	la revue de presse électronique

Pré conditions	L'acteur principal est authentifié sur l'Intranet. L'acteur est dans l'espace réservé aux articles.
Post conditions	L'utilisateur Intranet en général ou un membre du service de presse trouve le (/les) articles qu'il cherchait.
Scénario Nominal	1. L'Acteur principal lance une recherche à partir de l'un des critères : Langue Titre de l'Article Date d'apparition dans le journal (date de & date à) Journal d'apparition Mos clés Revue de presse (date de & date à) Rubrique/ Sous Rubrique Statut de l'article (uniquement en interne du service de presse (publié/non publié/à diffusion restreinte/proposé)) 2. Le système affiche une page de résultat. Les articles sont classés par défaut par date d'apparition, le plus récent en premier. Le résultat de recherche contient comme informations : Le titre de l'article, Le journal, la date d'apparition dans le journal, la page, L'auteur, La revue de presse ou il a été publié dans l'Intranet de Bank al-Maghreb 3. L'acteur principal sélectionne un article 4. Le système redirige l'utilisateur vers une page où sont présentés les détails pour l'article sélectionné. On y retrouve en particulier : Titre, Sous titre, Auteurs(s), Journal, Date d'apparition dans le journal, Date de la revue de presse, Synthèse 5. L'utilisateur choisit de consulter l'article ou de sauvegarder son format PDF.
Extensions	L'acteur peut choisir de sauvegarder une copie de l'article.
Contraintes	Les critères de recherche diffèrent selon le profil de l'utilisateur : Exclusivement, les rédacteurs, publicateur et, voire le validateur aussi, peuvent effectuer des recherches en utilisant le statut des articles. Chaque membre du service de presse peut consulter les articles qu'il

a créés ou édités.

Le publicateur peut rechercher les articles crée/édités par un rédacteur spécifié.

Les recherches permettent au service de presse de faire le suivi de l'activité globale du service ou celle de chacun des membres. (Nombre d'articles crées par personne/ Nombre d'articles non publiés/ Nombres d'articles à diffusion restreinte).

Cas d'utilisation : Rechercher et consulter une revue de presse

Acteur principal	Utilisateur Intranet
	Un membre du service de presse
Parties prenantes	N.A
objectifs	Un utilisateur d'Intranet veut pouvoir consulter une revue de presse parue à une date donnée.
Portée	la revue de presse électronique
Pré conditions	L'acteur principal est authentifié sur l'Intranet.
	L'acteur est dans l'espace réservé aux revues de presse.
Post conditions	L'utilisateur Intranet a trouvé la revue de presse recherchée et consulte son contenu.
Scénario Nominal	1. L'acteur recherche par date une/ plusieurs revues de presse. Les critères de recherche sont : Date de publication de la revue de presse (date de & date à)
	2. Le système affiche une page de résultat. Une liste des revues de presse est affichée, la plus récente en premier.
	3. L'acteur choisit de consulter le contenu d'une revue de presse donnée. Le système redirige l'utilisateur vers une page où sont présentés les articles composant la revue.
	4. L'utilisateur choisit de consulter un article
	5. L'utilisateur est redirigé vers une page de détails de l'article sélectionné (voir UC : rechercher et consulter un article)
Extensions	L'acteur peut choisir de sauvegarder une copie PDF de toute la revue de presse.
Contraintes	Le résultat de recherche pour un utilisateur Intranet présente la revue de presse avec les articles qui y sont publiés.
	Pour un membre du service de presse, voire le validateur aussi, le

menu des revues de presse présente aussi à titre d'information les articles qui ont fait partie de la revue lors de son alimentation sans être publiés à l'intranet, à savoir : Les articles à diffusion restreinte et ceux non publiés.

Il convient dès lors, de réaliser le diagramme de classe qui modélise les différentes entités utilisées dans la réalisation de l'application.

3.3.3 Diagramme de classes

A travers l'analyse fonctionnelle effectuée, le diagramme de classe suivant a été élaboré décrivant les différents composants nécessaires à la mise en œuvre de l'application :

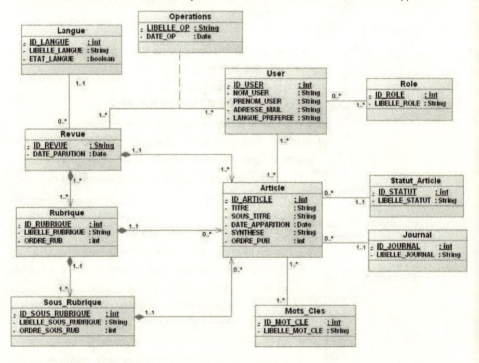

Figure 3.7: Diagramme de classes

Les entités du diagramme de classes sont les suivantes :

Revue : Cette classe contient l'identifiant de la revue de presse électronique et sa date de parution dans l'intranet.

Langue : Représente la langue d'écriture de la revue électronique.

31

Rubrique : Représente les rubriques d'une revue. Cette classe contient l'identifiant de la rubrique, son libellé et son ordre dans la revue.

Sous_rubrique : Représente les sous rubriques d'une rubrique de la revue électronique. Elle contient l'identifiant de la sous rubrique, son libellé et son ordre dans la rubrique la contenant.

Article : Contient l'identifiant de l'article, son titre, son sous titre s'il existe, sa date d'apparition au journal, sa synthèse et l'ordre de sa publication dans la revue. Un article peut appartenir à une sous rubrique ou à une rubrique ou directement à la revue.

Statut_Article : Définit les différents états d'un article. S'il est en cours de validation, validé, rejeté, publié etc. Cette classe contient l'identifiant du statut et son libellé.

User : Définit les attributs des utilisateurs du système. Cette classe contient l'identifiant de l'utilisateur, son nom, son prénom, son adresse mail et sa langue préférée.

Profil : Chaque utilisateur a un profil (rédacteur, validateur, publicateur, administrateur, utilisateur intranet) et chaque profil a des rôles spécifiques qui lui sont attribués.

Role : Définit les droits de lecture et écriture, de publication etc. pour un utilisateur donné. Cette classe contient l'identifiant du rôle et son libellé.

Operations : Définit les opérations qu'effectue un utilisateur du système sur la revue électronique. Par exemple la validation d'un article. Cette classe contient le libellé de l'opération et la date d'effectuation de cette opération.

Journal : Contient l'identifiant et le libellé du journal dont l'article a été pris.

Mots_Cles : Contient l'identifiant et le libellé des mots clés qui facilitent la recherche d'un article.

Conclusion

Ce chapitre concerne la conception de la revue de presse électronique à l'aide du formalisme UML. En effet, plusieurs diagrammes ont été étudiés pour voir le rôle exact de chaque acteur qui interagit avec le système. D'autre part, cette conception va constituer une base pour la réalisation du projet qui va être traitée par la suite. Il convient dès lors d'enchaîner avec une étude technique avant de passer à la réalisation de la solution.

CHAPITRE IV : ETUDE TECHNIQUE DU PROJET

Ce chapitre a pour but de présenter une étude technique des technologies qui seront adoptées pour le développement de notre application web. Le choix de la solution à notre problématique sera le fruit d'une étude comparative des différents outils de développement ainsi qu'une étude comparative des solutions existantes au marché.

4.1 Comparaison des outils de développement

Le premier souci qui se pose est le choix entre le développement d'une solution sur mesure se basant sur le framework de Bank Al-Maghrib ou l'utilisation d'un CMS.

Un CMS (*Content Management System*) ou système de gestion de contenu est une famille de logiciels destinés à la conception et à la mise à jour dynamique de site Web ou d'application multimédia. Ils partagent plusieurs fonctionnalités dont le travail collaboratif sur un même document, l'allocation d'une chaîne de publication (workflow) offrant par exemple la possibilité de mettre en ligne le contenu des documents, structuration du contenu etc.

Le tableau ci-dessous présente les avantages et les inconvénients de chaque technologie et permettra ainsi d'opter pour l'une d'entre elles:

TABLEAU 4.1: CHOIX DE L'OUTIL DE DEVELOPPEMENT

Critère	Utilisation d'un CMS	Développement
Séparation entre gestion du contenu et sa présentation	Oui	Non
Personnalisation du design	Facile	Maîtrise du HTML et du CSS
Codage	Peu de codage	Beaucoup de codage
Indexation	Facile	Compliquée
Extensibilité	Oui	Oui
Maintenance	Economique	Chère
Respect des normes et de l'ergonomie	Automatique	-
Structuration du contenu	Facile	Compliquée
Travail collaboratif	Workflow intégré	Workflow à développer
Sécurité	Prise en charge native du SSL	-
Accès aux bases de données	Lent	Moins lent

De plus, la mise en place d'un CMS est plus rapide. Un CMS offre également les fonctionnalités de gestion de droits et rôles des utilisateurs ainsi que la gestion des versions.

Plusieurs solutions logicielles propriétaires, disponibles sur le marché, se proposent de permettre aux entreprises de gérer les contenus de leur application web. Face aux solutions propriétaires, l'open source présente des alternatives très attractives. En effet, l'open source s'est imposée, au fil des dernières années, comme un mode de distribution du logiciel à part entière.

4.2 Étude comparative des CMS Open Source

4.2.1 Les avantages des solutions Open Source

Les solutions Open Source offrent plusieurs avantages qui s'articulent comme suit:
- Universalité des développeurs (pas seulement une équipe)
- Correction rapide des bugs (selon la qualité du support de la communauté)
- Personnalisation possible
- Indépendance par rapport au fournisseur
- Support de la communauté
- Avantage économique

4.2.2 Les critères de choix d'un CMS

Il existe un très grand nombre de CMS de qualités avec des technologies diverses. Le présent paragraphe présentera et détaillera les critères de choix qualitatifs d'un CMS pour la mise en place d'une revue électronique au sein de Bank Al-Maghrib.

Les critères d'évaluation de CMS peuvent être regroupés sous quatre rubriques principales :
- **Description du logiciel:** La présentation des concepts du logiciel et sa technologie, sa mise en œuvre et sa maintenance, sa performance et la gestion multi-langues;

- **Le management du CMS et la création de contenu** (le back-office): La gestion des rédacteurs et des droits, la création des contenus, l'administration technique du CMS.

- **La présentation** (front-office): séparation de la présentation du contenu, création d'interfaces;

- **L'extensibilité**: L'ajout des modules complémentaires et des plugins.

4.2.3 Choix de la solution

En considérant la politique adoptée par Bank Al-Maghrib, les CMS qui se déploient sous IIS ou Apache seront exclus de notre étude pour des raisons de maintenance. Seuls les CMS se déployant sous J2EE qui seront retenus car ça été recommandé par le service d'architecture et d'urbanisation des systèmes de l'information de Bank Al-Maghrib. L'utilisation d'une autre technologie que le J2EE contrariera donc la politique adoptée auparavant. Le tableau suivant décrit les principaux CMS étudiés :

TABLEAU 4.2: TABLEAU COMPARATIF DES CMS OPEN SOURCE

Critère	Lutèce	Magnolia C.E.	Open CMS	InfoGlue
Version	1.2.3	3.0	7.0.4	2.9.0
Serveur D'application	Tous les compatible AS J2EE 1.4	J2EE	Tomcat, JBoss, Resin 3, Websphere 6	J2EE
Base De Données	PostgreSQL, MySQL, Oracle	Java Content Repository (JCR)	AS400	Oracle
Licence	BSD Modifiée	GNU LGPL	GNU LGPL	GPL
Serveur Web	Apache/Jetty/Tomcat /IIS	Tous/ pas de compatibilité avec Websphere au niveau du déploiement	Apache/Tomcat/ IIS	Apache
Vérification Rétrospective	non	oui	oui	oui
Probation Du Contenu	limitée	oui	oui	oui
Identification LDAP	limitée	non	côte en extra	oui
Gestion Des Sessions	non	oui	non	limitée
Versioning	non	non	oui	oui
Aide En Ligne	oui	non	oui	limitée
Drag-N-Drop	non	oui	limitée	oui
Thèmes	oui	oui	non	oui
Trash	non	non	oui	non
Statistique	ajout gratuit	non	non	non
Workflow Engine	non	oui	côté en extra	oui
Conformité W3C	limitée	oui	limitée	oui
Multilingues	non	oui	oui	oui
Réplique De Base De Données	non	oui	côté en extra	oui
Permet L'exportation De Contenus Statique	non	oui	oui	non

A travers le tableau qui précède, on remarque que Lutèce n'offre pas autant de fonctionnalités que les trois autres CMS puisqu'il est immature et limité en terme de sécurité.

Magnolia community edition dépasse Open CMS puisqu'elle intègre le système de workflow et permet la réplication de base de données, sauf qu'au niveau de déploiement il est incompatible avec le serveur websphere utilisé à Bank Al-Maghrib. Toutefois la communauté d'Open CMS est plus dynamique et il y a la possibilité d'aide en ligne. InfoGlue

35

offre quant à lui plus de sécurité à travers la fonctionnalité d'identification LDAP et il permet aussi d'avoir un versionning du contenu.

4.3 Description de la plateforme InfoGlue

InfoGlue est une plateforme purement Java. Elle est entièrement orientée base de données ce qui signifie que l'outil de gestion et les sites publics utilisent à la fois des informations à partir d'une base de données. La plateforme se compose de plusieurs applications différentes, mais du point de vue des utilisateurs les deux les plus importantes sont l'outil d'administration et les moteurs de livraison. Les outils d'administration permettent de gérer tous les aspects du site tels la langue, le paramétrage et les droits d'accès. Les moteurs de livraison quant à eux, sont spécialisés dans la présentation des sites aux utilisateurs basée sur les données gérées par les outils. Par défaut, InfoGlue installe 3 moteurs de livraison. Le premier est la « *working version* » qui présente la version du site sur laquelle on travaille et donc peut contenir des éléments cachés. Il ya aussi une version appelée « *staging site* » ou aire de rassemblement, qui montre le site dans un mode de prévisualisation afin que l'éditeur vérifie si le site sera bon après l'étape de publication. Le dernier moteur de livraison « *live delivery engine* » est celui qui montre le site en ligne pour les visiteurs.

Voici deux croquis qui montrent d'abord comment une configuration simple pourrait ressembler et puis un exemple plus complexe :

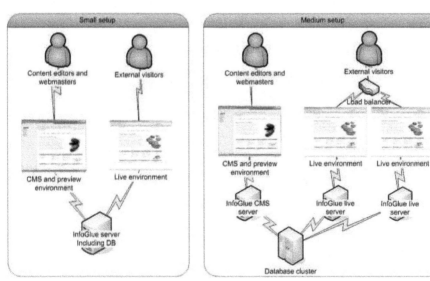

Figure 4.1 : Architecture d'InfoGlue

L'architecture du CMS InfoGlue approche celle du modèle MVC (Modèle – Vue – Contrôleur). Cette architecture permet de pré-visualiser la revue de presse électronique en interne et de répartir les charges grâce à la grappe de serveurs.

La plateforme du CMS InfoGlue se compose de quatre zones comme le montre la figure ci dessous:

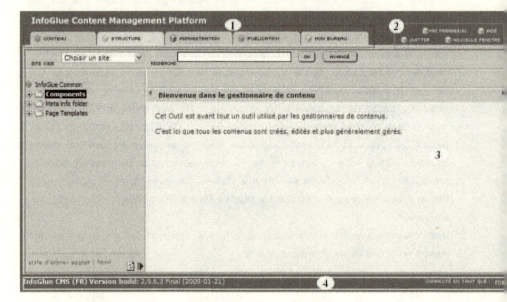

Figure 4.2 : Plateforme InfoGlue

- Zone 1: représente la liste des outils disponibles pour l'utilisateur. Elle comporte plusieurs onglets. Chaque onglet est disponible pour un rôle défini dans la section de gestion des rôles.
- Zone 2 : couvre le paramétrage du CMS (informations personnelles, langue préférée...), la déconnexion et l'assistant d'aide.
- Zone 3 : Lorsqu'on clique sur un onglet de la zone 1, la zone 3 affiche les fonctionnalités de cet onglet.
- Zone 4 : Le pied de page affiche le numéro de version d'InfoGlue. Il montre également en tant quel utilisateur vous êtes connecté pour le moment.

La Zone 1 est détaillée dans ce qui suit :

4.3.1 Onglet contenu :

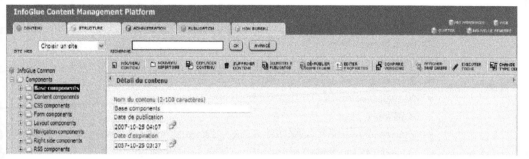

Figure 4.3 : Onglet contenu du CMS InfoGlue

Cet onglet concerne la gestion du contenu du portail. Il permet en plus de la recherche avancée d'un contenu, une multitude de fonctionnalités:

- Ajouter un nouveau contenu à un répertoire en choisissant son type, sa date de publication et sa date d'expiration.
- Ajouter un répertoire qui regroupera plusieurs types de contenu pour plus de lisibilité.
- Déplacer un contenu d'un répertoire à un autre.
- Supprimer un contenu.
- Publier un contenu ou le soumettre à la publication.
- Dé-publier un contenu en citant la raison de la modification.
- Editer les propriétés du contenu (langue héritée ou une nouvelle langue, type du contenu par défaut, les types de contenus permis).
- Comparer les versions du contenu.
- Afficher l'arborescence du contenu.
- Exécuter une tâche (C'est en fait un moyen d'étendre l'outil avec vos propres routines et interfaces sur mesure).
- Importer du contenu.
- Exporter le contenu en format XML.

Lorsqu'on ajoute un contenu on peut lui attacher un fichier ou une image, le pré-visualiser ou le visualiser en format XML. On peut aussi l'éditer avec la fonctionnalité WYSIWYG.

4.3.2 Onglet structure :

Figure 4.4: Onglet structure du CMS InfoGlue

Cet onglet concerne la création et la gestion de la structure du contenu. Il est destiné aux webmasters. Il donne une vue sur l'arborescence des différentes pages du portail. On peut :

- Ajouter un nouveau nœud.
- Déplacer un nœud.
- Editer les propriétés d'un nœud.
- Pré-visualiser un nœud.
- Dé-publier un nœud.
- Publier une page.
- Exécuter une tâche (C'est en fait un moyen d'étendre l'outil avec vos propres routines et interfaces sur mesure).

4.3.3 Onglet Administration :

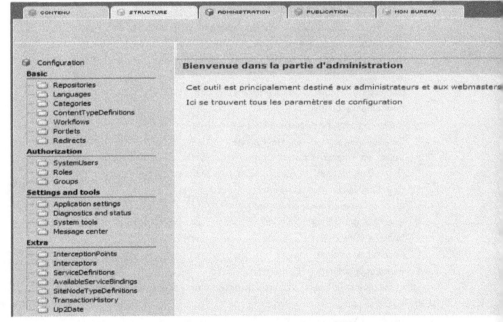

Figure 4.5: Onglet Administration du CMS

Cet onglet est destiné principalement aux administrateurs et aux webmasters. On y retrouve tous les paramètres de configuration :

- ***Repositories*** : entrepôt des sites gérés et leurs contenus. On peut y ajouter un site web, le supprimer ou l'importer.
- ***Languages*** : permet d'ajouter une nouvelle langue en définissant son jeu de caractère (UTF-8 par exemple) ou supprimer une langue.

39

- **Categories** : définit les catégories du contenu ainsi que leurs sous-catégories. on peut ajouter une nouvelle catégorie, la déplacer, la supprimer ou identifier des droits d'accès pour une catégorie.
- **ContentTypeDefinitions** : Définit et décrit les types du contenu.
- **Workflows** : ajouter un workflow ou le supprimer.
- **Portlets** : ajouter un nouveau *portlet* à partir d'un fichier war.
- **Redirects** : permet de rediriger les url.
- **Authorization** : permet de créer des utilisateurs et leur attribuer des rôles, créer des rôles et leur attribuer des droits d'accès, créer des groupes.

- **Application settings** : regroupe tous les paramètres d'un *ServerNode* à savoir ; *common settings, cache settings, CMS connection, webserver settings, encoding settings, mail settings, protection settings, security settings CMS, security settings Deliver, CMS GUI settings, special settings.*
- **Diagnostics and status** : permet d'avoir toutes les informations et statistiques sur un site ou une page donnée.
- **System tools** : comporte les outils utilisés par InfoGlue par exemple l'outil d'archivage, de validation, Log viewer etc.
- **Message Center** : permet d'envoyer un mail à tous les utilisateurs.
- **InterceptionPoints** : montre comment le système entier utilise l'autorisation d'intercepter les actions effectuées par l'utilisateur dans le système et vérifie si l'utilisateur est autorisé à faire ce qu'il essaie de faire.
- **Interceptors** : Ils rejoignent les points d'interception et interceptent les actions.
- **ServiceDefinitions** : Le concept de définitions des services est que le service sera défini en mesure de fournir certains types d'informations par le biais d'une liaison par exemple. Il s'agit de séparer la plate-forme des sources de données d'une manière générique. Ce concept est même utilisé pour récupérer des informations depuis InfoGlue ce qui explique pourquoi deux services sont définis par défaut, celui pour le contenu et l'autre pour structure.
- **AvailableServiceBinding** : L'idée est de définir les bindings (liaisons) qui sont disponibles globalement à une page dans le système. Une liaison est une possibilité d'intégrer une sorte d'information d'une source de données. La source de données est reliée par l'attribution d'un service de définition. Chaque service de liaison disponible a une interface qui présente les utilisateurs à l'aide de vue (*binding view*). L'interface est définie par une action. Lorsque le service de liaison disponible est défini, il faut passer par le menu du "*SiteNodeTypeDefinitions*" et affecter la nouvelle

liaison au bon type. Lorsqu'ils sont affectés à une page type toutes les pages basées sur ce type auront cette liaison disponible.

- **SiteNodeTypeDefinitions** : Ce concept est très important pour les développeurs qui souhaitent étendre la plate-forme de manière fondamentale. L'idée de base est qu'un type de page peut être beaucoup plus personnalisé. Un développeur peut y mettre en œuvre son propre invocateur. Il n'a même pas à fournir une page web si c'est le comportement souhaité du développeur. Exemples d'invocateurs : un visualiseur WAP, un nœud de redirection, une impression ou autre.

- **TransactionHistory** : permet d'avoir un historique de toutes les connexions au système effectuées en archivant la date de connexion, le nom d'utilisateur qui veut se connecter et si la connexion a réussi ou échoué.

4.3.4 Onglet Publication :

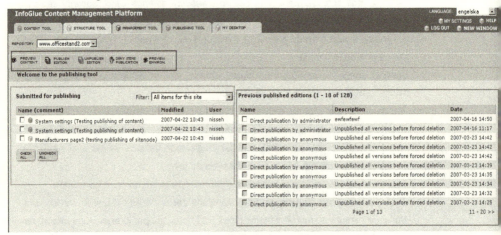

Figure 4.6 : Onglet Publication du CMS InfoGlue

Cet onglet est destiné à l'éditeur du portail. Ce dernier peut pré-visualiser le contenu du portail, le publier, rejeter sa publication ou le retirer après publication. L'interface de cet outil offre deux volets, un pour les contenus soumis à la publication et l'autre pour voir les éditions publiées auparavant.

4.3.5 Onglet My Desktop :

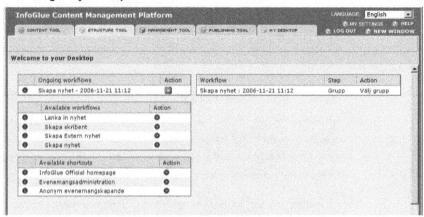

Figure 4.7: Onglet My Desktop du CMS InfoGlue

Cet onglet offre une vue sur les workflows en cours, leurs états ainsi que l'action à entreprendre. Il permet aussi d'avoir des raccourcis vers des tâches définies par l'administrateur et de connaître les workflows sur lesquels on travaille pour le moment.

Conclusion

L'étude technique a permis de définir la solution qui sera adoptée pour la mise en place de la revue de presse électronique en se basant sur plusieurs critères de pondération. Ainsi les deux branches fonctionnelle et technique du cycle de développement 2TUP ont été achevées. Comme l'étude conceptuelle a fait l'objet du troisième chapitre, le chapitre suivant concernera l'étape de réalisation et de déploiement de la solution choisie.

CHAPITRE V : REALISATION ET MISE EN OEUVRE DU PROJET

Ce chapitre comporte l'installation et paramétrage du CMS InfoGlue ainsi que la mise en œuvre du projet illustrée par des captures d'écran de la revue de presse électronique et le traitement associé.

5.1   Installation et configuration d'InfoGlue

La plate-forme InfoGlue est construite au-dessus de composants standards et elle est donc à la fois facile à entretenir et à mettre à niveau. Le processus d'installation est effectué pour le système d'exploitation Windows. S'il s'agit d'un autre système d'exploitation, les étapes devraient être les mêmes, mais quelques détails mineurs peuvent différer.

Avant d'installer InfoGlue, il faut s'assurer que les composants suivant sont installés :

- Java SDK 1.5.x ou version ultérieure.
- Apache Tomcat 5.x ou version ultérieure.
- Base de données (InfoGlue supporte MySQL, SQLServer, DB2 et Oracle).

L'interface d'installation d'InfoGlue invite à fournir les informations concernant la base de données en premier en spécifiant le type de la base de données, son nom, le numéro du port de la base de données, le nom de l'administrateur et le mot de passe attribué, ensuite fournir les informations qui concernent le serveur d'application c'est-à-dire le type du serveur d'application, le nom d'hôte (adresse ip), le numéro de port du serveur, comme le montre les deux figures 5.1 et 5.2.

Une fois InfoGlue CMS est installé, les propriétés de la base de données sont mises en place automatiquement et le code source est copié dans le conteneur web à partir des fichiers « war » existant dans le dossier d'installation.

Le dossier situé sous WEB-INF/classes contient tous les fichiers de configuration d'InfoGlue (cf. Annexe I). Le fichier database.xml sert à configurer la base de données du CMS InfoGlue, on y configure les paramètres de connexion et on le lie au fichier du mapping.

La section 5.2 a pour objet la mise en œuvre du projet.

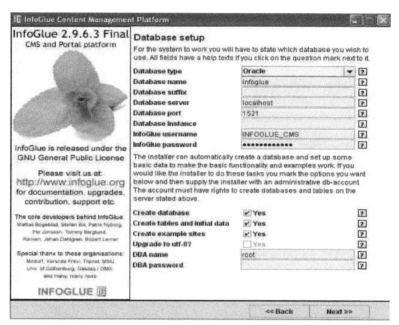

Figure 5.1 : Installation InfoGlue (1)

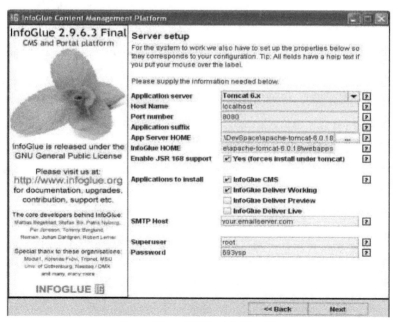

Figure 5.2 : Installation InfoGlue (2)

5.2 Mise en œuvre

La mise en œuvre de la revue électronique de presse à l'aide du CMS InfoGlue sera réalisée sous forme d'un portail. Ce portail offrira une navigation fluide entre des onglets qui représentent les rubriques de la revue de presse. Chaque rubrique renvoi aux articles lui correspondant accompagnés de leurs sources et dates de publication.

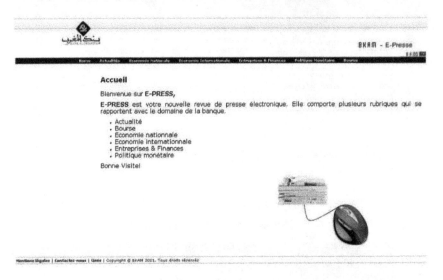

Figure 5.3 : Accueil de la revue de presse électronique

Conformément aux cas d'utilisation cités dans le chapitre III, la mise en œuvre de la revue électronique de presse s'articule sur les différentes étapes ci-après :

5.2.1 Etape 1 : Administration

La première étape consiste à créer un entrepôt où sera stocké le contenu de la revue de presse ainsi que la structure du portail à travers lequel cette revue sera visualisée. On donne un nom et une description à cet entrepôt et on lui affecte les langues avec lesquelles notre revue de presse sera rédigée. Dans notre cas c'est Arabe, Français et Anglais. Dans le cas où l'on ne trouve pas une langue qu'on désire, il suffit de l'ajouter à partir du dossier Languages (voir figure 5.4). Ensuite on attribue à cet entrepôt les droits d'accès qu'on a établi au préalable dans la partie Authorization. En cochant la case « lecture » ou la case « écriture » ou les deux cases pour un profil précis (voir figure 5.5).

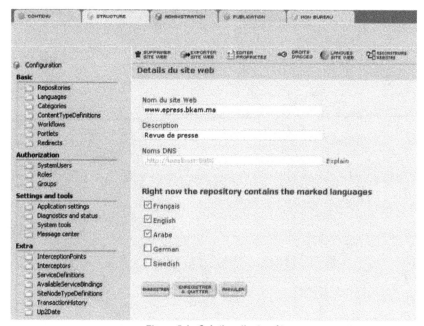

Figure 5.4 : Création d'entrepôt

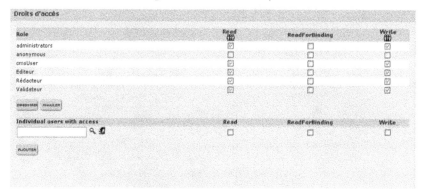

Figure 5.5 : Attribution des droits d'accès

Pour gérer l'authentification et l'autorisation des utilisateurs du système, Bank Al-Maghrib possède un annuaire LDAP. A travers InfoGlue, il est possible d'interroger cet annuaire LDAP ou plutôt récupérer les informations concernant les utilisateurs et les groupes afin de gérer l'authentification et l'accès à la revue de presse électronique. Pour se faire, il faut configurer les paramètres de sécurité en ajoutant le script de configuration LDAP, se trouvant en annexe de ce rapport (voir Annexe II), dans la partie *Extra security parameters* de la figure suivante :

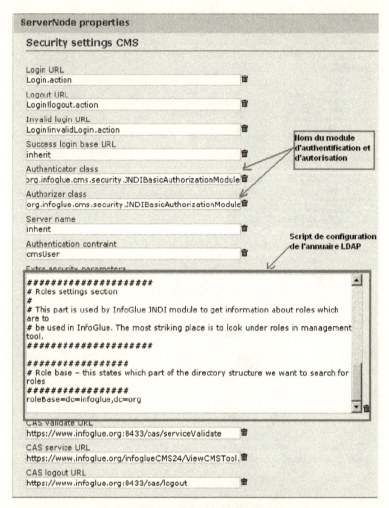

Figure 5.6 : Configuration de l'annuaire LDAP

Lors de cette étape, on a pu créer un entrepôt qui va servir à stocker les contenus de la revue de presse électronique et les fichiers liés à la structure du portail. On a pu également voir la possibilité de configurer l'annuaire LDAP pour l'authentification et l'autorisation des utilisateurs du système. Cependant, je n'ai pas pu intégrer l'annuaire LDAP de Bank Al-Maghrib pour des raisons de limites des droits d'accès par l'organisme d'accueil. Et donc, l'intégration de cet annuaire se fera ultérieurement par le service responsable désigné par la direction de l'organisation et des systèmes d'information.

5.2.2 Etape 2 : Exploitation : Création du contenu de la revue de presse

Dans toute page web, il y a le contenu information et le contenu de présentation. Dans notre cas, le contenu information de la revue de presse est composé par les rubriques, articles et images, et le contenu de présentation est constitué du contenu global du portail, le constituant d'un article, css, navigation horizontale et verticale, en-tête, pied de page et *breadcrumb*.

La figure ci-après montre l'agencement des deux contenus de notre revue de presse :

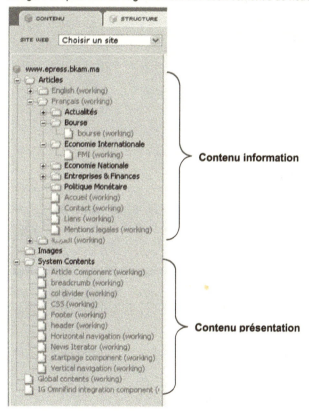

Figure 5.7 : Contenu de la revue de presse électronique

- **Création du contenu information**

Le dossier « Articles » contient les articles de presse rédigés dans les trois langues. Pour chaque langue, un nombre de rubriques est spécifié selon les spécifications du service de presse de Bank Al-Maghrib validées lors des réunions avec le responsable de communication.

Pour créer un contenu de type « Article », nous rappelons qu'il faut s'être authentifié avec le profil « rédacteur ». On définit alors le nom du contenu et on saisit les informations relatives à l'article : le titre, sous titre, journal source, etc. (voir cas d'utilisation : créer un article) et rédige le texte de l'article, lui attacher une image et l'enregistre. Pour le soumettre à la publication, il suffit de cliquer sur le bouton « soumettre à publication ». Cet article est alors affiché dans le tableau de bord (voir figure 5.7) du validateur qui le valide et le transfert au publicateur (éditeur) afin de le publier dans la revue de presse électronique.

Figure 5.8 : Soumission d'un article à la publication

Une fois l'article est validé, il est directement publié dans la revue de presse comme le montre la figure suivante :

Figure 5.9 : Exemple d'un article de la revue de presse électronique

- **Création du contenu présentation**

Le dossier « *System Contents* » contient les données concernant l'interface et l'ergonomie du portail dédié à la revue de presse.

Nous détaillerons dans ce qui suit les composants du contenu de présentation jugés pertinents.

Startpage component définit l'emboîtement des différentes parties de l'architecture du portail.

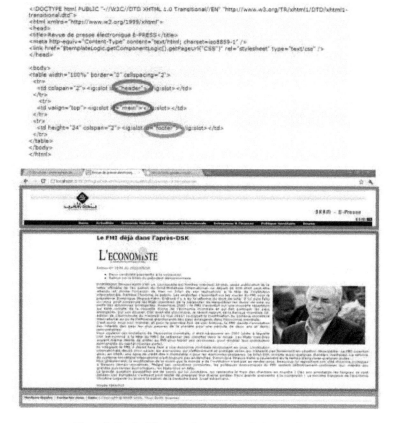

Figure 5.10 : Architecture d'une page web du portail e-press

Article Component est un gabarit HTML qui a pour but de présenter le contenu des articles de la manière souhaitée et de placer les illustrations, titres, légendes, colonnes de textes, etc. à des endroits précis. On utilise le langage Velocity qui est un langage de Template simple, propre aux CMS et qui a pour but d'assurer une séparation claire entre la couche présentation et la couche métier dans une application web.

Horizontal navigation permet de naviguer entre les différentes rubriques et pages du portail.

Breadcrumb ou fil d'Ariane est une aide à la navigation sous forme de signalisation de la localisation du lecteur dans une page du portail. Son but est de donner aux utilisateurs un moyen de garder une trace de leur emplacement à l'intérieur de la revue de presse électronique. Il représente donc l'arborescence des rubriques que le visiteur a traversées depuis la page d'accueil. Dans notre cas, le fil d'Ariane est sous forme d'une macro qui détecte l'identifiant du nœud de la page où on se trouve et imprime le nom de la page lié au nœud parent suivi du nœud actuel.

```
#macro(printNode $siteNodeId)

 #if($templateLogic.getParentSiteNode($siteNodeId))
  #printNode($templateLogic.getParentSiteNode($siteNodeId).siteNodeId)
 #end

 / <a href="$templateLogic.componentLogic.getPageUrl($siteNodeId) "
class="breadcrumbLink">$templateLogic.componentLogic.getPageNavTitle($siteNodeId)</a>

#end

<table border="0" cellpadding="0" cellspacing="0" class="breadcrumbTable">
<tr>
 <td align="left" class="breadcrumbTD"><img src="images/trans.gif" width="5" height="1">
  #printNode($templateLogic.siteNodeId)
 </td>
</tr>
</table>
```

Figure 5.10 : Code du fil d'Ariane

5.2.3 Etape 3 : Structuration de la revue de presse

La structure d'un site, à l'instar du contenu, est un élément central. C'est à ce niveau qu'est définie l'ossature générale du site et qui influera de façon décisive sur la navigation future au sein du site. Les relations entre les pages et les noeuds du site (*SiteNodes*) sont définies grâce à des liens (*bindings*) établis à l'aide de l'outil structure. Le CMS Infoglue met à disposition un ensemble de méthodes permettant de définir de quelle manière les pages et les noeuds sont mis en relation ainsi qu'un ensemble de méthodes permettant de récupérer des références aux noeuds dans les templates (voir Annexe III).

5.2.4 Etape 4 : Archivage de la revue de presse

L'archivage se fait à l'aide de l'outil d'archivage d'Infoglue. Il permet d'archiver les versions de la revue de presse, de les restaurer ou de les supprimer définitivement.

Ainsi le dernier chapitre a fait l'objet de la mise en œuvre de la revue de presse électronique à l'aide de l'adaptation de la plateforme InfoGlue.

CONCLUSION ET PERSPECTIVES

Le stage de projet de fin d'études est une période très importante dans la formation de l'étudiant ingénieur. Une attention particulière de ce dernier doit être portée à toutes les activités du stage pour profiter des outils et méthodes utilisés dans la pratique. C'est la meilleure manière de donner un sens à ses connaissances théoriques.

L'objectif que j'ai visé dans ce projet est de répondre au besoin de dématérialisation de la presse au sein de Bank Al-Maghrib en réalisant une revue de presse électronique sous forme de portail tout en respectant les normes d'ergonomie et d'IHM.

Pour atteindre cet objectif, j'ai commencé par une critique de l'existant et l'élaboration d'un cahier des charges qui énumère les différentes fonctionnalités du système cible. L'étude fonctionnelle et conceptuelle ont aidé à formaliser correctement les besoins du service de presse et de les modéliser. Une étude comparative des solutions open source a abouti au choix du CMS InfoGlue comme plateforme du projet. Et la dernière étape de ce travail consistait à adapter ce choix de façon à ce qu'il réponde aux objectifs définis en amont.

Le fait de travailler seule sur ce projet m'a permis d'avoir une meilleure idée de mes capacités et de la manière dont je travaille. J'ai réussi à réaliser une grande part des objectifs de ce projet, et je considère que j'ai fait un bon choix concernant l'outil de gestion de contenu. Toutefois, mon application manque encore de la fonctionnalité de « recherche multicritères » et cela peut être justifié par le fait que je sois monôme d'une part et par la perte du temps dans le choix du CMS d'autre part.

Néanmoins, les perspectives de ce projet restent multiples. Elles comprennent notamment :

- L'élaboration d'un manuel utilisateur de l'application.
- L'amélioration de l'attractivité et la qualité de navigation en ajoutant la fonctionnalité de flux RSS, en ajoutant aussi les animations flash et les vidéos.
- Ajout d'une fonctionnalité de *rating* (évaluation) pour voir le meilleur article publié dans la revue de presse électronique.
- Génération des tableaux de bord qui permettent d'affiner des synthèses et des statistiques graphiques de l'utilisation de l'application.
- Réalisation d'une version adaptée aux terminaux mobiles.
- Notification par SMS de la publication d'un nouvel article de presse dans une rubrique qui intéresse un utilisateur précis.

ANNEXE I : Fichiers de configurations d'InfoGlue

Les fichiers de configuration centraux sont les suivant:
- **cms.properties** : Utilisé uniquement par infoglueCMS-webapp bien que situé dans toutes les applications. Contient la plupart des paramètres de la CMStools.

- **deliver.properties** : Utilisé uniquement par le infoglueDeliver-webapp bien que situé dans toutes les applications. Contient la plupart des paramètres de Deliver-Engines.

- **database.xml** : Ce fichier contient les paramètres de connexion à la base de données utilisés par l'O / R-mapper Castor. Il est utilisé pour toutes les interactions avec la base de données.

- **hibernate.cfg.xml** : Ce fichier contient les paramètres de connexion à la base de données utilisés par l'O / R-mapper Hibernate. Il est utilisé pour toutes les interactions avec la base de données concernant les flux de travail.

- **propertyset.xml** : Ce fichier contient tous les paramètres utilisés par property-framework OS PropertySet, est utilisé par InfoGlue pour quelques propriétés.

- **oscache.properties** : Ce fichier contient les paramètres cache du moteur OSCache utilisé par InfoGlue pour la mise en cache d'une page et autre.

- **log4j.xml** : Ca fichier contrôle les journalisations.

- **webwork.properties** : Ce fichier contient certains réglages mineurs pour comment se comporte WebWork, plus encore quelle taille maximale de fichier est autorisée par WebWork.

- **quartz.properties** : Ce fichier contient les paramètres de l'ordonnanceur Quartz.

- **jobs.xml** : Contient tous les emplois qui sont définis à être planifiée pour s'exécuter à certains moments. Contient un travail de nettoyage par exemple, mais est destiné à être rempli avec les travaux sur mesure dans une installation.

- **JNDIParameters.properties** : Paramètres à utiliser lors de l'authentification avec les frameworks d'authentification et d'autorisation.

- **InfoGlueAuthorizationParameters.properties** : Paramètres à utiliser lors de l'authentification avec les frameworks d'authentification et d'autorisation.

ANNEXE II: Script de configuration de l'annuaire LDAP

```
###################################
# Properties for the JNDI SETUP
###################################
###################
# Authentication method – can be "none" or "simple".
#
# "simple" binds a user
# "none" works only if anonymous bind is allowed.
###################
authenticationMethod=simple
###################
# LDAP-version (2 or 3)
###################
ldapVersion=3
###################
# Enable if you want to run ldaps
###################
#socketFactory=org.infoglue.cms.security.DummySSLSocketFactory
###################
# The ldap url, user name and password to bind with (can be ldaps as well).
###################
connectionURL=ldap://ldap.infoglue.org:389
connectionName=InfoGlue LDAP User
connectionPassword=password
###################
# Roles settings section
#
# This part is used by InfoGlue JNDI module to get information about roles which are to
# be used in InfoGlue. The most striking place is to look under roles in management tool.
###################
###################
# Role base – this states which part of the directory structure we want to search for roles
###################
roleBase=dc=infoglue,dc=org
###################
# Role search attribute – which conditions should we use to find a specific user.
# Can be any ordinary query.
# Default is: roleSearch=(cn=*)
# More advanced example: #roleSearch=(&(objectclass=ldapsubentry)(cn=InfoGlue*))
###################
#roleSearch=(cn=*)
###################
# Roles search – find all roles InfoGlue should be aware of when assigning rights.
###################
rolesFilter=(cn=*)
###################
# How long (in seconds) should the roles be cached to avoid to much queries against the
LDAP
###################
roleCacheTimeout=10
###################
# Should the search be recursive in the tree or on the base dn only.
```

```
# ONELEVEL_SCOPE, SUBTREE_SCOPE and OBJECT_SCOPE possible ANNEXE II :
Script de configuration de l'annuaire LDAP
################
roleSearchScope=SUBTREE_SCOPE
################
# Filter roles on what search criteria.
################
roleFilter=*
################
# What attributes should be returned for each role – commaseperated list
################
rolesAttributesFilter=cn,uniquemember
################
# Set which attribute should be used to fetch the roleName
################
roleNameAttribute=cn
################
# The attribute containing references to the users who has this role
################
usersAttributesFilter=uniquemember
################
# Do you want to remove the role base dn from the role name? Easier on the eye but less
# correct.
################
removeRoleBaseDN=false
####################
# Groups settings section
#
# This part is used by InfoGlue JNDI module to get information about groups which are to
# be used in InfoGlue. The most striking place is to look under groups in management tool.
######################
################
# Group base – this states which part of the directory structure we want to search for groups
################
groupBase=ou=groups,dc=infoglue,dc=com
################
# Group search attribute – which conditions should we use to find a specific group.
# Can be any ordinary query.
# Default is: groupSearch=(cn=*)
# More advanced example: groupSearch=(&(objectclass=ldapsubentry)(cn=InfoGlue*))
################
groupSearch=(cn=*)
################
# Filters what groups are read
################
groupsFilter=(cn=*)
################
# How long (in seconds) should the groups be cached to avoid to much queries against the
LDAP
################
groupCacheTimeout=10
################
# Should the search be recursive in the tree or on the base dn only.
# ONELEVEL_SCOPE, SUBTREE_SCOPE and OBJECT_SCOPE possible
################
```

```
groupSearchScope=SUBTREE_SCOPE
##################
# Filter roles on what search criteria.
##################
groupFilter=*
##################
# What attributes should be returned for each group – commaseperated list
##################
groupsAttributesFilter=cn,uniquemember
##################
# Set which attribute in LDAP should be used for the groupName
##################
groupNameAttribute=cn
##################
# The attribute containing references to the users who has this groups
##################
usersAttributesFilter=uniquemember
##################
# Do you want to remove the group base dn from the group name? Easier on the eye but less
# correct.
##################
removeGroupBaseDN=false
######################
# Users settings section
#
# This part is used by InfoGlue JNDI module to get information about users which are to
# be used in InfoGlue. The most striking place is to look under users in management tool.
######################
##################
# User base – this states which part of the directory structure we want to search for users
##################
userBase=ou=People,dc=infoglue,dc=com
##################
# Anonymous user base – this states which part of the directory structure we want to search
# for the anonymous user which are used when no user is logged on (on a ordinary website).
##################
#anonymousUserBase=cn=IGUsers,cn=specialusers,dc=infoglue,dc=com
##################
# User search attribute – which conditions should we use to find a specific user.
# Can be any ordinary query. The user name will be inserted where 1 is.
# Default is: userSearch=(uid={1})
##################
userSearch=(uid={1})
##################
# How long (in seconds) should the groups be cached to avoid to much queries against the
LDAP
##################
userCacheTimeout=10
##################
# Should the search be recursive in the tree or on the base dn only.
# ONELEVEL_SCOPE, SUBTREE_SCOPE and OBJECT_SCOPE possible
##################
userSearchScope=SUBTREE_SCOPE
##################
```

```
# Group search attribute – which conditions should we use to find a specific group.
# Can be any ordinary query.
# Default is: userListSearch=(cn=*)
################
userListSearch=(cn=*)
################
# What attributes should be returned for each user – commaseperated list
################
userAttributesFilter=cn,givenName,sn,mail
################
# Set which attribute in LDAP should be used for the userName
################
userNameAttributeFilter=cn
################
# Set which attribute in LDAP should be used for the users first name
################
userFirstNameAttributeFilter=givenName
################
# Set which attribute in LDAP should be used for the users last name
################
userLastNameAttributeFilter=sn
################
# Set which attribute in LDAP should be used for the users mail
################
userMailAttributeFilter=mail
################
# The attribute containing references to the roles this user is part of
################
memberOfAttributeFilter=memberOf
################
usersAttributeFilter=cn
################
# Do you want to remove the user base dn from the user name? Easier on the eye but less
# correct.
################
removeUserBaseDN=false
################
# This part is for if you use LDAP as authentication as well. You state here what bind user
# name should be used. infoglue.user is replaced with the user name the user states at login.
################
userNamePattern=CN=infoglue.user,ou=People,dc=infoglue,dc=org
################
# This part is for if you use LDAP as authentication as well. You state here what bind the
# anonymous user name should be used. infoglue.user is replaced with the user name the
user
# states at login.
################
#anonymousUserNamePattern=CN=infoglue.user,ou=SpecialPeople,dc=infoglue,dc=org
```

ANNEXE III : Méthodes de récupération des références aux noeuds dans un template

Nom de la méthode	Définition de la méthode
getPageUrl (String structureBindningName)	Cette méthode offre une chaîne avec l'URL de la page demandée. Comme le siteNode peut avoir plusieurs liaisons, la méthode nécessite un bindingName qui fait référence à l'attribut AvailableServiceBinding.name.
getPageUrl (WebPage webpage, Integer contentId)	Cette méthode prend simplement une nouvelle URL, mais avec la donnée contentId en elle.
getPageBaseUrl (String structureBindningName)	Cette méthode offre une chaîne avec l'URL de la page demandée.Comme le siteNode peut avoir plusieurs iaisons, la méthode nécessite un bindingName qui se réfère à l'attribut AvailableServiceBinding.name.
getSiteNodeId (String structureBindningName)	Cette méthode est Getter du siteNodeId sur une page spécifique liée.
getPageUrl(String structureBindningName, Integer contentId)	Cette méthode offre une chaîne avec l'URL de la page demandée.Comme le siteNode peut avoir plusieurs liaisons, la méthode nécessite un bindingName qui se réfère à l'attribut AvailableServiceBinding.name. Cette méthode permet également à l'utilisateur de spécifier si le contenu est important. Cette méthode est surtout utilisée pour les master/detail-pages.
getPageUrl(String structureBindningName, int position, Integer contentId)	Cette méthode offre un chaîne avec l'URL de la page demandée.Comme le siteNode peut avoir plusieurs liaisons, la méthode nécessite unbindingName et permet également à l'utilisateur de spécifier un siteNodespéciale dans une collection ordonnée qui se réfère à l'attribut AvailableServiceBinding.name. Cette méthode permet également à l'utilisateur de spécifier si le contenu estimportant. Cette méthode est surtout utilisée pour les master/detail-pages.
getCurrentPageUrl()	Cette méthode offre un nouvelle URL poíntant vers la même adresse quemaintenant, mais dans la langue correspondant au code envoyé.
getPageUrlAfterLanguageChange(java.lang.String languageCode)	Cette méthode offre un nouvelle URL poíntant vers la même adresse quemaintenant, mais dans la langue correspondant au code envoyé.
getPageTitle()	La navigation-titre est extraite de la méta-info-le contenu lié au noeud site.
getPageNavTitle(String structureBindningName)	Cette méthode offre une chaîne avec le titre de la page de navigation demandé. Comme le siteNode peut avoir plusieurs liaisons, la méthode nécessite un bindingName qui se réfère à l'attribut AvailableServiceBinding.name. La

	navigation-titre est extraite de la méta-info-le contenu lié au noeud site.
getChildPages()	La méthode retourne une liste d'objets de la page Web, qui sont les fils de la siteNode actuelle. La méthode est idéale pour les fins de navigation sur un site structuré.
getBoundPages(String structureBindningName) ou *getBoundPages(Integer siteNodeId, String structureBindningName)*	Ces méthodes obtiennent une liste de pages liées au structureBindningName renvoyé et qui réside sur le siteNodeId renvoyé.

RÉFÉRENCES

[Réf. 1] Article sur les NTIC au Maroc
http://www.itmaroc.com/ntic/ntic-le-maroc-tire-vers-le-haut-les-pays-dafrique-du-nord.html

[Réf. 2] Maroc Numeric 2013, Stratégie Nationale pour la Société de l'Information et de l'économie Numérique 2009-2013

[Réf. 3] Présentation de Bank Al-Maghrib
http://www.bkam.ma

[Réf. 4] Pascal ROQUES et Franck VALLÉE, UML en action De l'analyse des besoins à la conception en java, deuxième édition 2003, EYROLLES

[Réf. 5] Processus de modélisation 2TUP
http://www.uml-sysml.org/modelisation-objet/processus-de-modelisation

[Réf. 6] Frédéric DEVERNAY, Conception et évaluation d'IHM, université de Nice

[Réf. 7] Définition d'un CMS
http://fr.wikipedia.org/wiki/Système_de_gestion_de_contenu

[Réf. 8] Comparatif de CMS
http://www.cmsmatrix.org

[Réf. 9] Documentation sur InfoGlue
http://www.infoglue.org

[Réf.10] Documentation sur Magnolia
http://documentation.magnolia-cms.com

[Réf. 11] Documentation sur OpenCMS
http://www.opencms.org

[Réf. 12] Documentation sur Lutèce
http://fr.lutece.paris.fr/

[Réf. 13] Test en ligne de CMS
http://opensourcecms.com/

www.ingramcontent.com/pod-product-compliance
Lightning Source LLC
LaVergne TN
LVHW042349060326
832902LV00006B/481